ROSEN FÜR DICH

Irina Possmayer

Herstellung und Verlag:
BoD - Books on Demand, Norderstedt
ISBN 978-3-7386-3411-2

Inhaltsverzeichnis

1. Ein Himmel voller Sterne
2. Rosen für dich
3. Ich wünsche dir einen Engel
4. Die Blumen hatten einmal Streit
5. Die Sonne leuchtet
6. Vater unser
7. Ich bin unterwegs
8. Ich hörte das Leben
9. Wenn es dich gibt, Gott
10. Begegnung
11. Es ist schon spät
12. Am Abend
13. Endlich
14. Wenn der Himmel
15. Ich sah mich im Traum

Ein Himmel voller Sterne

Ein Himmel voller Sterne ist dir von Gott geschenkt,
Sie brennen jeden Abend, wenn sich die Sonne senkt.
Die Wiesen voller Blumen, die Flüsse und den Wald,
Legt er zu deinen Füßen, und hofft, du kommest bald.

Er gibt dir Kraft und Liebe zum täglichen Gebrauch,
Denn du bist so vergänglich, wie eines Windes Hauch.
Doch lebst in seiner Liebe, warst niemals zu gering,
Auch als du dich entferntest, und deine Zeit verging.

Nun öffnen heute eilend, dein Herz und dein Gemüt,
Und sieh wie hoch der Himmel, voll Freude aufgeblüht.
Und sage Gott: „Ich komme, so komm auch du zu mir,
Dass du mich wohl begleitest im täglichen Gewirr."

Dies Büchlein ist mein Leben in einem frohen Takt,
Es schildert nur die Wahrheit, es schildert einen Fakt.
Du glaube nur und sage: „Wenn ich es nicht mehr kann,
Dann kannst du für uns beide, und ich das Los gewann."

Rosen für dich

Der Tag geht zu Ende im goldenen Glanz,
Erfüllet die Herzen und zaubert sie ganz.
Der Duft so betörend der Rosen entwich,
Er suchte nur einen, er sucht ja nur dich.

Sie alle, die Roten, die weißen, zugleich,
Mit Blüten wie Seide, so edel und weich.
Sie wiegen sich leise im säuselnden Wind,
Ich schaue sie alle, erstaunt wie ein Kind.

Sie strecken sich sanfte am Zaun entlang,
Ich höre den Zauber und höre den Klang.
Das Lied war so leise doch klar wie das Licht,
Die nächtliche Stille wie Spiegel zerbricht.

Vor Augen betrachte das blühende Meer,
Des Gartens verzaubertes farbiges Heer.
Zugleich es dem Bogen der Liebe es glich,
Die Rosen der Liebe, die suchen nur dich.

Du hörst ihre Stimme im Garten der Nacht,
Wenn Sterne am Himmel sind, alle erwacht.
Ich strecke die Hand nach der Rose, so rot,
„So bringe ihn heute zu mir oh mein Gott."

Die Dornen beschützen die Blüte so rein,
Ich pflücke behutsam, die Rose ist mein.
In Händen geborgen die liebend und zart,
Als suchte sie Leben, als suchte sie Halt.

Du schließt deine Hände um meine zugleich,
Ich fühle mich glücklich, ich fühle mich reich.
„Die Rosen der Liebe verbinden uns ganz",
Mein Herze beginnt einen wirbelnden Tanz.

Ich wünsche dir einen Engel

Ich wurde in einem Land geboren, in dem es nur eine scheinbare Freiheit gab. Was diese wirklich bedeutete, wusste ich nicht. Es war so, wie es war, darüber nachdenken, hätte nichts geholfen. Erst später, als ich an ihre Grenzen gestoßen bin, merkte ich, dass der Zusammenstoß wehtat. Dieser Schmerz kam mit den Schicksalsschlägen, die mich und meine Familie dazu zwangen, mein Heimatland zu verlassen. Da wir medizinische Hilfe ersuchten, müssten wir schnell handeln und eine Entscheidung treffen. Doch das, was wir wollten, war etwas ganz Anderes, als das, was die Behörden zuließen. Die Möglichkeit eines kurzen Auslandsbesuches gab es nicht. Gänzlich unmöglich. Doch eine andere Wahl hatten wir nicht. So nahmen wir in Kauf, einen langen und beschwerlichen Weg zu gehen, um unseren Kindern helfen zu können. Nachdem wir den Antrag auf die Ausreise gestellt hatten, verlor ich meine Arbeitsstelle als Erzieherin und wurde als Landesverräterin deklariert. Meine Arbeitskolleginnen durften nichts mehr mit mir zu tun haben, nicht einmal eine Begrüßung auf der Straße war erlaubt. Nach einer gewissen Wartezeit stand ein Gespräch mit einer stattlichen Prüfungskommission an, die entscheiden sollte, ob wir ausreisen durften oder nicht. Wir hatten kein Geld mehr und keine Freunde. Große Hoffnungen durften wir uns trotzdem nicht machen. Wir wollten weder für eine Familienzusammenführung ausreisen, noch aus wirtschaftlichen Gründen. Wie sollten wir dies den Behörden klarmachen? Die gesundheitlichen Probleme, die uns zu diesem Schritt gezwungen haben, waren schwerwiegend, aber was bedeutete das schon in einem Land, in dem man die Wahrheit nicht sagen dürfte? Am Tag unserer Überprüfung war ich sehr unruhig. Vor der

Fahrt zur besagten Kommission schlug ich die Bibel auf, um darin zu lesen. Nein, ich kannte sie nicht und mein Glauben an Gott war recht wacklig. Trotz meines Unglaubens spürte ich instinktiv: Nur einzig und alleine Gott kann uns aus unserer ausweglosen Situation helfen. Aber warum sollte er das tun? Er schuldete uns gar nichts. In der Bibel hoffte ich eine Botschaft zu lesen, die uns wohlgesonnen war. Eine klitzekleine Hoffnung, an dem ich mich ganz fest klammern könnte. Ich dachte nur im Stillen: „Wenn es dich gibt Gott, gib mir ein Zeichen und hilf uns." Dann schlug ich die Bibel auf, einfach so, ohne zu wissen, warum. Ich las Jesaja 55:

„Denn ihr sollt in Freuden ausziehen und in Frieden geleitet werden. Berge und Hügel sollten vor euch her frohlocken mit Jauchzen und alle Bäume auf dem Felde in die Hände klatschen. Es sollen Zypressen statt Dornen wachsen und Myrten statt Nesseln. Und dem Herrn soll es zum Ruhm geschehen und zum ewigen Zeichen, das nicht vergehen wird." (Jesaja 55/ 12,13)

Eine tiefe Ruhe breitete sich in mir aus. Ich spürte Gott so greifbar nahe, dass ich weiche Knie bekommen habe. Dass diese Versen in einem anderen Zusammenhang und vor einer sehr langen Zeit geschrieben wurden, war nicht vom Interesse. Was bedeuten schon für Gott ein paar Jahrtausende? Von über hundertfünfzig Familien, die auf ihre Ausreise warteten, dürften nur zwei dies als ihr Glück bezeichnen. Eine dieser Familien war meine eigene.

    Ich wünsche dir einen Engel Gottes,
    Der dir eine himmlische Botschaft bringt,
    Mit einem Sonnenstrahl,
    Auf dein Herzblatt geschrieben.
    Ich wünsche dir die Kraft,
    Daran zu glauben,

Und zu hoffen.

Die Blumen hatten einmal Streit

Die Blumen hatten einmal Streit,
Wer wohl die Schönste wäre.
Den Lebensgarten weit und breit,
Betrachte ich und höre.

„Aus einem Märchen komm ich her,
Gekleidet schön und reinlich.
Ich bin die Rose und daher,
Dieser Vergleich wär peinlich."

„In Seide fein vom Kopf bis Fuß,
Entstamme voll aus Träumen.
Ich bin die Lilie und muss,
Das Feld vor euch nicht räumen."

„Mit Gold gesprenkelt ist mein Kleid,
Die Sonnenblume eben!
Ich schweige nicht, es tut mir leid,
Die Sonne ist mein Leben.

In Rot und Grün bis in der Taille,
Erhob sich eine Stimme zart:
„Ich bitte sehr bin doch die Dalie,
Seid nicht so unwissend und hart."

Ich hörte zu und sagte sacht:
„So schön seid ihr mir alle,
Wie nur die Sterne in der Nacht,
Und jede mir gefalle.

Doch Aussehen ist es nur dann,
So wertvoll und gar richtig,
Wenn sich mein Herz erfreut daran,
Nur dann ist Schönheit wichtig."

„Ich danke dir und bin gewiss,
Dir Freude zu bereiten."
Erklingt aus einem Bodenriss,
Und gleich von allen Seiten.

Am Gartentor zu meinem Fuß,
Der Löwenzahn dankt sachte.
Er schenkte mir ein Sonnengruß,
Verbeugte sich und lachte.

Die Sonne leuchtet

Die Sonne leuchtet golden hell,
Vertreibt die Wolken die so grell.
Der Sommer kehrt zu uns zurück,
Er bringt das Leben und das Glück.

Der Tulpe golden Kelch geht auf,
Zieht an der Bienenvölker Lauf.
Narzisse leuchtend heller Stern,
Ich hab sie lieb, ich hab sie gern.

Die Schwalbe eilig baut ihr Nest,
Beharrlich an der Mauer fest.
Die Küken bald aus ihrem Haus,
Sie fliegen in die Welt hinaus.

Der helle Tag mit seinem Schein,
Erhellt die Berge Stein für Stein.
Brennt an die Liebe, die verblüht,
Erweckt das Feuer, das verglüht.

Und die Sorgen müssen warten,
Ich geh gleich in meinen Garten.
Schau die Spuren an und denke,
Sie sind mehr als nur Geschenke.

Hier ist Gott entlang gegangen,
Hocherfreut die Engel sangen.
Dafür sag ich Dank und singe,
Meinem Gott die Ehre bringe.

Vater unser …

Ich war sehr aufgeregt, auch wenn es mir nicht bewusst war, warum. Das schöne Kleid, das ich anzog, passte mir nur halbwegs, da ich sozusagen, herausgewachsen war. Ich war ein Kind der Freiheit und zog nur selten feine Klamotten an, die ehrlich gesagt, nicht lange hielten. Das Klettern in den höchsten Bäumen, vor denen ich keinen Halt kannte, machte alles kaputt, selbst das Wohlwollen meiner Mutter. Aber heute musste ich fein aussehen. Der Religionsunterricht stand an, Gelegenheit uns Kindern, Glaubensinformationen beizubringen. Und das war ein Muss. Nicht für mich, sondern für meine Mutter. Der Weg zur Kirche war nicht weit, ich brauchte dafür höchstens zehn Minuten. Der Religionsunterricht begann um fünfzehn Uhr und ich wollte unbedingt pünktlich sein. Die Zeit bis zur Kirche nutzte ich, um meine Gedanken zu sortieren und mich innerlich darauf vorzubereiten. Es war schon das dritte Mal, dass ich daran teilnahm und merkte, dass ich besorgt war. Ich dachte eine gute Schülerin zu sein und trotzdem verstand ich kaum, worüber der Pfarrer redete. Wie wird es heute sein? Ob ich alles, was mir aufgetragen wurde, auswendig kann? Da war ich mir nicht ganz sicher. Heute sollten wir das Thema „Sünde" besprechen. Aber was bedeutete Sünde wirklich? Na ja, dachte ich, nachfragen und erfahren, was das Wort bedeutete, wäre die beste Lösung. Der Pfarrer mochte aber nicht, wenn Fragen gestellt wurden. Schon mal gar nicht, wenn diese Fragen seinen Gedankengang unterbrechen sollten. Mutter sagte, Sünde sei, wenn ich nicht gehorche und Blödsinn mache. Als ob ich ein Roboter wäre, der auf einen Knopfdruck reagiert … Was ich meiner Mutter nicht gesagt habe. Sonst hätte ich mir womöglich eine neue Sünde aufgeladen. Oder doch nicht? Aber wenn ich auf das erste Abendmahl gut vorbereitet sein wollte, müsste ich unbedingt wissen, was Sünde ist.

Im Kirchenraum, in dem der Unterricht stattfand, waren schon viele Kinder versammelt. Bunte Heiligenbilder schmückten die Wände und zogen oft unsere Aufmerksamkeit auf sich. Mir gefielen eher die Fenster, die aus bunten Glasteilen zusammengesetzt wurden und Fantasiegestalten ergaben, die ich zu interpretieren versuchte. Heute hatte ich keine Zeit dafür, da schon der Pfarrer hineinkam. Er sah furchteinflößend aus. Eine dicke Brille auf der Nase, buschige schwarze Augenbrauen, ein finsterer Blick – ich schüttelte mich und dachte:
„Oh ... ist der alt ... sehr alt und unfreundlich. Ob er auch mal lächeln kann? Aber ich habe keine Angst vor ihm. Auf gar keinen Fall ..."
Der Unterricht begann. Wann sollte ich meine Frage stellen?
„Ihr solltet nicht sündigen. Denn Sünde ist ein Grauen im Auge Gottes ..."
Ich nahm meinen ganzen Mut zusammen und meldete mich zu Wort:
„Herr Pfarrer, was bedeutet eigentlich Sünde? Ich ..." Dann stockte ich und kuckte unsicher umher. Die Kinder staunten über diese Frage, schmunzelten und schauten mich bewundernd an.
„Wenn du mich unterbrichst ... das ist Sünde", kam die finstere Antwort.
„Aber Gott ..."
„Ich bin noch nicht fertig", ärgerte sich der Pfarrer.
„Aber ... was ist das – ein Grauen im Auge Gottes? Er ist doch lieb", versuchte ich erneut.
„Manchmal ... Manchmal nicht. Dann müssen wir um Vergebung bitten."
„Was ist Vergebung?", traute ich mich erneut zu fragen.
Der Pfarrer dachte nach. Wie soll er mir antworten?

„Du lässt nicht locker, bis ich nicht geantwortet habe. Nicht wahr? Ihr …" – und er zeigte auf die anderen Kinder – „Ihr solltet gut zuhören. Erwachsenen ins Wort zu fallen, ist nicht gut. Freche Fragen mag der liebe Gott nicht. Das ist Sünde". Dann wandte er sich mir zu: „Und du muss beten und um Vergebung bitten. Dafür sprichst du zehn Mal das Gebet „Vater unser". Zehn Mal, dass es wirklich wirkt". Und ihr lernt in der Zeit das Gebet auf dem ersten Blatt auswendig. Dieses Mädchen hier braucht nicht nur eine Antwort, sondern auch eine Konsequenz. Das ist sozusagen, eine Strafe zur Vergebung ihrer Sünde … " Die Kinder schauten schleunigst auf den Zettel in ihrer Hand und begannen, das Gebet vor sich hinzumurmeln.
„Komm her …" Ich ging nach vorn und schaute den Pfarrer verängstigt an.
„Du setzt dich hierhin, dass ich dich sehen kann. Zehn Mal solltest du „Vater unser" beten, dass dir deine Sünde vergeben wird."
„Welche Sünde?"
„Du hast nicht zugehört und das ärgert mich. So jung und so verloren."
„Vielleicht hatte er recht", dachte ich. „Zu viel Wissen ist nicht gut."
Ich setzte mich brav hin und begann:
„Vater unser …" Das Bild auf der rechten Wandseite leuchtete in wunderbaren Farben. Das Licht durchdrang die bunten Fensterscheiben und ruhte auf dieses Bild, was meine Aufmerksamkeit auf sich zog. Nach einigen Minuten schüttelte ich mich leicht und begann erneut:
„Vater unser …" Jonas saß hinter mir und zog jetzt durch die Kirchenbank an meinem Kleid. Meine Befreiungsversuche amüsierten ihn köstlich. Endlich befreit!
„Vater unser …" Ein geknittertes Papier landete plötzlich auf meinem Schoß. Ich machte es schnell auf und lächelte.
„Vater unser …" Anke sprach den Pfarrer leise an:
„Herr Pfarrer, ich kann schon das Gebet alleine aufsagen."
„Gut, sehr gut …", murmelte der Pfarrer zufrieden. „Warte noch ein bisschen", sagte er genau so leise und schloss

seine Augen. Er fühlte sich müde und ausgedorrt. Ob er eingeschlafen war?
„Vater unser …"
Der Pfarrer wandte sich langsam Anke zu: „Komm nach vorn, ich möchte das Gebet hören."
„Vater unser …"
Die Zeit verging und ich kam über die erste Zeile immer noch nicht hinaus.
„Vater unser …"
Das Fensterbild lächelte mich an und ich war ganz sicher, ein Augenzwinkern zu erkennen. Da zwinkerte ich zurück und fühlte mich so erleichtert, wie noch nie. Ich stand plötzlich auf und betete laut:
„Vater unser … du kennst mich doch. Amen." Dann sagte ich zum Pfarrer:
„Fertig, Gott hat mir zugelächelt und mir vergeben. Da bin ich mir ganz sicher." Es folgte zuerst Stille. Um seine Verdutztheit zu verbergen, sagte der Pfarrer mürrisch:
„Der Unterricht ist beendet …" Die Kinder stürmten hinaus. Nur der Pfarrer blieb noch sehr lange sitzen, und dachte wahrscheinlich über meine Antwort nach.

Ja … was ist jetzt wirklich Sünde?

Ich bin unterwegs

Ich bin unterwegs auf der Schwelle der Zeit,
Es ist so beschwerlich, so mühsam und weit.
Erschöpft und so müde ich schaue zurück,
Und suche die Freiheit, ich suche das Glück.

Das Leben ist eben wie Staub und wie Wind,
Ein Traum die träumt ja ein schlafendes Kind.
Ich schaue zum Himmel, ich brauche ein Ziel,
Wie schwer sind die Lasten, die Jahre so viel.

Die Träne nur langsam aus Herzen sie fließt,
Wo du warst, du mein Gott immer noch bist?
Die Wunden der Seele so grausam und tief,
Voll Hoffnung im Herzen, dein Name ich rief.

So müde und matt und mit Lasten die schwer,
Wer kann mir nur helfen, ja sag mir nun wer?.
Ich war dir so dankbar und bin es noch heut,
Ich hab mich entschieden, was ich nie bereut.

Ich stehe nun hier voller Wunden und Schweiß,
Du bist ja zugegen, auch wenn ich nicht weiß.
Mein Gott und mein Heiland, du tust mir ja gut,
Vergessen sind Tränen, Verzweiflung und Wut.

Nun gehe ich weiter, der Weg der ist mein,
Ich weiß mit Gewissheit, ich bin ja nur dein.
Was immer das Leben für mich hält bereit,
Ich bin mir so sicher, du bist ja nicht weit.

Ich schaue zurück und dann wieder nach vorn,
Die Spuren verblassen und auch so mein Zorn.
Ich bin unterwegs zu der Quelle der Zeiten,
Du wirst meine Wege ganz treulich begleiten.

Ich hörte das Leben

Ich hörte des Lebens und auch sein Gesang,
Der Seelen beraubte und mir den Verstand.
Ganz rührend umarmte die Erde der Wind,
Sie lachte gelassen und froh wie ein Kind.

Die Lerche sang weiter die Lieder so klar,
So kostbar und lieblich auf Gottes Altar.
Der Himmel blieb stille und horchte hinein,
Die Sterne so viele, sie leuchteten rein.

Die Wolken erwachten am Himmel so weiß,
Und riefen die Sonne die feurig und heiß.
Ich hörte sie sprechen und sah ihre Spur,
Ein Bogen in Farben und Noten in Dur.

Die Felder ergriffen sie spielten gleich mit,
Die Lieder, sie flogen bis hoch zum Zenit.
Ich hörte die Herzen, sie pochten so schnell,
Die Liebenden weinten und lachten so hell.

Und weit in der Tiefe von Feuer und Eis,
Erhob seine Stimme der alternde Greis:
Nun bindet mir heute den edelsten Kranz,
Zum Ehren des Vaters im himmlischen Glanz.

Die Flüsse begannen zu tanzen im Takt,
Der gleich meine Seele so wundersam packt.
Der Wald, er gehorchte dem heimlichen Ruf,
Das Biegen und Beugen gleich Wellen erschuf.

Ich hörte das Leben und auch sein Gebet,
Das heute der Winde zum Himmel erhebt.
Ich steige mit ein und gelobe den Schöpfer,
Der edelsten Kelche, den liebenden Töpfer.

Wenn es dich gibt, Gott …

Ich wachte auf und spürte die große Unruhe, die in mir aufstieg. Die dicke zugezogene Übergardine am Fenster hielt die Sonne zurück und schaffte im Zimmer eine ruhige, aber düstere Atmosphäre. Es war Wochenende, also ließ ich mir Zeit und blieb im Bett liegen. Mein Kind schlief neben mir, und als ich es sah, kamen alle dunklen Erinnerungen wieder hoch. Es war sehr krank und wir konnten nicht viel für ihn tun. Die medizinische Versorgung in meinem Land war mehr als nur bescheiden. Die einzige Möglichkeit, die wir bis jetzt noch nicht in Betrag gezogen hatten, war eine Ausreise. Im Ausland hätten wir die nötige Hilfe bekommen können. Wir zögerten noch. Plötzlich und völlig unerwartet spürte ich den Drang, in der Bibel zu lesen. Sie lag irgendwo im Bücherregal, verstaubt und ungelesen. Wir hatten sie eben, aber mehr als Dekoration, als zum Lesen.
Ich holte sie mir und dachte nach. Was war mit mir geschehen? Ich hätte sowieso nicht lesen können, da im Zimmer viel zu dunkel dafür war. Nicht einmal richtig zu Ende gedacht, da etwas Eigenartiges geschah. Ein dünner Sonnenstrahl drang durch die zugezogenen Gardinen und traf den Spiegel, die sich am Bettende befand. Dieser widerspiegelte das schmale Licht, sodass es genau auf meine Bibel fiel. Jetzt hatte ich kostenloses Licht, sozusagen. Aber was sollte ich lesen? Die Bibel war ein völlig fremdes Buch für mich, ich hatte keine Ahnung, was sie beinhaltet. Die wenigen Erinnerungen, die ich diesbezüglich hatte, stammten aus der Landeskirche, die ich kaum jemals besucht hatte.
Gut. Dann schlage ich dieses Buch einfach auf und lese, was mir unter die Augen kommt. Das tat ich auch und öffnete die Bibel bei den Psalmen, besser gesagt, beim Psalm 55. Ich las den Vers 15.

„… und rufe mich an in der Not, so will ich dich erretten und du sollst mich preisen …" Ein kalter Schauer lief über meinen Rücken und ich schaute sofort zu meinem Kind. Ein Blick genügte, um zu erkennen, dass mein Sohn im selben Augenblick bewusstlos wird und einen Anfall bekommt. Ich lag neben ihm mit der Bibel in der Hand und war wie gelähmt vor Schmerz und Schreck. Dann viel mir das Gelesene ein und ich schrie so laut ich konnte:

„Wenn es dich wirklich gibt, Gott, dann hilf jetzt meinem Kind!"

Was ich sonst noch in meiner Verlorenheit sagte, weiß ich bis heute nicht. Aber eins werde ich niemals vergessen: Mein Sohn machte die Augen auf und sagte: „Weine nicht Mutti, du sollst nie mehr für mich weinen." Ich umarmte ihn und beruhigte mich. Das war der Augenblick, in dem ich Gottes Anwesenheit in meinem Leben erkannt hatte. Seitdem lässt mich seiner Liebe nicht mehr los. Zum Glück!

Von Schmerz erfüllt, wo du auch liegst,
Egal ob dick, ob dünn du bist,
Es bleibt zu wissen und zu denken:
Nur einer kann dir immer helfen.
Der dich beschützt hat und dich liebte,
Ist weder Traum noch Geschichte.
Er ruft dich doch bei deinen Namen,
Du brauchst zu sagen Ja und Amen,
Dass du noch heute kannst, genesen,
Als wäre niemals was gewesen.
Und trau dich den Versuch zu wagen,
Dann wird dich Gott, wann immer tragen.

.

Begegnung

Als deine Sonne mich berührte,
Schloss ich die beiden Augen zu.
Die sanfte Wärme mich erfüllte,
Es war kein Zauber, das warst du.

Für Augenblicke ließ ich fallen,
Die Lasten, die ich tapfer trug.
Ich sah sie in dem Wind zerfallen,
Sie waren Traum und Betrug.

Ich fühlte mich zugleich verbunden,
Mit dir mein Gott in diesem Schein,
Und ich vergaß die schweren Stunden.
Mein ganzes Wesen war nur dein.

Du reichtest mir die beiden Hände,
Dass ich die Schritte feste geh.
„Dein Weg ist hier noch nicht zu Ende,
Auch wenn es tut so manchmal weh."

Ich war nur traurig und ergriffen,
Der Sehnsucht ließ ich freie Bahn.
Erst später habe ich begriffen,
Was ich verlor und was gewann.

Es ist schon spät

Es ist schon spät zu dieser Stunde,
Die Dunkelheit bedeckt das Licht.
Mit meinem Herzen ich erkunde,
Des Mondes strahlendes Gesicht.

Ich denke nach und bin so stille,
Und fließe mit den Flüssen mit.
Die Sterne hell sie sind so viele,
Sie folgen mir in gleichem Schritt.

Der Tau von hier bis in die Ferne,
Umarmt die Erde, die nun schläft.
Im Licht der himmlischen Laterne,
Der Engel helle Glocke schlägt.

In ihren weichen süßen Träumen,
Zwei Tauben hüllen ihr Gesicht.
Der Winde säuselt in den Bäumen,
Ganz ohne Stärke und Gewicht.

Der Blick zurück ist nun vergebens,
Die Spuren sind vom Wind verweht.
Das Schicksal meines alten Lebens,
War trügerisch und dünn gewebt.

Dann sehe ich das Licht mal wieder,
Ich weiß, es ist kein Stern aus Eis.
Jetzt tönen wieder meine Lieder,
Du kanntest immer ihr Geheiß.

Nun möge Gott auch dich begleiten,
Und denke niemals mehr zurück.
Er will dich segnen und geleiten,
Schenkt dir das unvorstellbar Glück.

Am Abend

Am Abend in der Ruhe gedenke ich des Tages,
Und flüstere nur leise: „Es ist vorbei, das war es."
Die Jahre sind verloren, die Träume noch dazu,
„Wer war in meiner Nähe? Das warst alleine du."

„Dein Weg ist nicht zu Ende", so sagte deine Stimme,
„Den Berg des Lebens eben, mit Ausdauer erklimme.
Vergesse was gewesen, schau immer nur nach vorne,
Um richtig zu genesen, such niemals das Verlorne."

„Ich setze mich und warte, ich kenne ja die Folgen,
Die Lasten, die ich trage, mich hartnäckig verfolgen."
„Ich weiß von deinen Sorgen, hast sie erzählet täglich,
In Dunkelheit der Nächte erscheinen sie dir kläglich."

„Du hast ja recht und denke wie sonderbar das Herze,
Es brennt so warm und stille, wie eine helle Kerze."
„Unter des Himmels Weite du weinest lautlos stille,
Ich habe sie gesammelt, die Tränen die so viele.

Den Weg und deine Tränen, ich habe sie gesehen,
So stehe hier und helfe, du kannst getröstet gehen.
Die Salbe, die du brauchtest für die verletzte Seele,
Ist nur in mir zu finden, in Gottes Licht so helle."

„Es ist zu scharf die Klinge, die sich so dreht und windet,
Sie keinen Weg zur Heilung lässt offen oder findet."
„Schau her in meinen Händen, die Spuren die des Todes,
Die mir ja hinterlassen, die Zeiten von Herodes.

Vertraue mir aufs Neue, es ist noch Zeit zu gehen,
Was heute ist, verborgen, wirst später nur verstehen.
Ich habe dich getragen, war täglich doch zur Stelle.
Und gebe dir das Wasser aus Ewigkeiten Quelle."

Endlich!

Der Zug hielt an, meine Familie und ich waren am Ziel unserer Reise. Mein Herz schlug unruhig und laut, ich war aufgeregt, wie noch nie in meinem Leben. Wobei ich meine Angst zu unterdrücken versuchte. Es war spät am Abend, als wir in Nürnberg ankamen und der rege Betrieb am Bahnhof nahm mir den Atem. Endlich angekommen! Endlich am Ziel! Ob ich wirklich Freude empfand, weiß ich bis heute nicht zu sagen. Wir versuchten uns zu orientieren so gut es eben ging. In diesem ganzen Gewusel mussten wir jetzt einen Menschen finden, der uns zu unserer Unterkunft bringen sollte. Unsere Ankunft war bekannt, sodass wir in dieser Hinsicht keine Sorge hatten. Als ich mich plötzlich umdrehe, merkte ich, dass sich mein jüngster Sohn etwas entfernt hatte und wie gebannt vor einem Schaufenster stand. Es war ein kleiner Obstladen, der seine ganze Pracht gewusst zur Schau gestellt hatte. Auf meine Frage antwortete er mir mit einer Gegenfrage: „Sind diese Bananen ... ich meine die im Schaufenster ... aus Plastik?" Kein Wunder, er hatte solches Ost nur ein paar Mal gesehen. Meine Antwort war kurz, mein Mann fand es inzwischen heraus, wo der kleine Personentransporter stand, der uns weiterfahren sollte. Wir stiegen ein, nachdem wir unsere ganze Habe in den Kofferraum verstaut hatten. Viel war das wirklich nicht, da wir bei der Ausreise das gesetzlich erlaubte Gewicht nicht überschreiten durften. Im Wagen war ziemlich dunkel, und als ich mich endlich hinsetzte, brüllte die unfreundliche Stimme des Fahrers: „Anschnallen!" Aufgeregt und erschrocken fummelten wir an den Sitzen herum, was unseren Fahrer noch mehr ärgerte. „Anschnallen!" –

brüllte er erneut und fuhr los. Geschafft! Wir waren angeschnallt und der unfreundliche Autofahrer schien mit dem Ergebnis zufrieden zu sein.

An diesem Abend lief sonst nichts mehr Besonderes. Wir bezogen unser Zimmer, nahmen eine vorgepackte kalte Mahlzeit entgegen und versuchten, klare Gedanken zu bekommen. Ich war so müde und orientierungslos, dass ich nicht einmal wusste, was mit mir geschah. Nachdem die Kinder einschliefen, besprachen ich und mein Mann unsere Lage, ohne zu einem bestimmten Ergebnis zu kommen. Erst am nächsten Tag könnten wir registriert werden und schauen, wie es weiter geht. Die Nacht schien mir unendlich lang zu sein, zumal ich die Augen kaum zubekommen habe. Beim Tageslicht erwartete mich eine Welt, die mir völlig fremd war. Unser Heimatland haben wir aus einer Notlage verlassen und weil wir Hilfe benötigten. Ob wir hier das finden würden, was wir suchten?

Nach dem Frühstück gingen wir zum Aufnahmebüro, wo wir unsere gesetzliche Situation klären müssten. Es dauerte eine Weile, so schauten wir uns um, neugierig und gespannt. Ich suchte mit den Augen etwas Gutes, etwas Schönes, was mich hätte aufmuntern können. So fiel mein Blick auf eine Karikatur, die mit einem Text versehen war. Diese Karikatur hing über dem Schreibtisch des Mannes, der voll mit verschiedenen Papieren beschäftigt war und auch unsere Akten ausfüllen müsste. Von ihm erwarteten wir einen Hinweis, der uns irgendwie weiter helfen sollte. Da aber die gotische Schrift mir weitgehend unbekannt war, bat ich meinen Mann um eine Übersetzung. Zumal mir die Zeichnung sehr gut gefallen hat. Er schaute sich die Karikatur an und zögerte. Dann sagte er einen Satz, den ich niemals vergessen werde:

„Weißt du, da steht etwas Komisches."

„Was denn?" Jetzt wurde ich immer neugieriger.

„Da steht:

Deutschland ist ein Irrenhaus, aber hier ist die Zentralle!"

Wenn der Himmel alle Sterne

Wenn den Himmel alle Sterne,
Schmücken neu mit ihrem Glanz,
Auch der Mond ist nicht mehr ferne,
Er umarmt mein Wesen ganz.

Wenn der Wind so ungeheuer,
Durch die leeren Straßen fegt,
Brennend wie ein heißes Feuer,
Sich der Seelen Sehnsucht regt.

Um das Licht einer Laterne,
Flattern Motten unbewacht,
Eicheln, Nüsse, süße Kerne,
Eichhorn Jim im Neste hat.

Auf dem Baum in der Nähe,
Sitzt die Eule Allevant,
Und dort unten schlafen Rehe,
Dicht gekuschelt und entspannt.

Tiefe Ruhe wie ein Schleier,
Meine Seele ganz umhüllt,
Eine Stunde wie die Feier,
Die der Seele Glanz berührt.

Jetzt ist Zeit zum Innehalten,
Um zu danken für den Tag.
Meine Sorgen können warten,
Lege sie am Kreuze ab.

Und den abendlichen Frieden,
Atme ich noch einmal ein.
Gott der Vater sei gepriesen,
War auch heute nicht allein.

Ich kann ruhig schlafen gehen,
Bin doch liebevoll bewacht,
Alles ist in ihm geschehen,
Danke und nun „gute Nacht".

Ich sah mich im Traum

Ich sah mich im Traum mit kräftigen Flügeln,
Sie trugen mich hoch über Bergen und Hügeln.
Ich wollte die Erde vom Weltraum schauen,
Ein Weg durch die Sterne gewissenhaft bauen.

Ich glich einer Schwalbe im Rausch der Gefühle,
Dort oben sind Freiheit und Schönheit in Fülle.
Ich sah, wie die Schwalben das Land überflogen,
Die Weite des Meeres mit Wellen und Wogen.

Es war unbeschreiblich das Licht zu durchfliegen,
Die Wolken ganz leichte ins Nirgendwo stiegen.
Ich schaute nach unten und konnte erblicken,
Die Heimat die könnte mich immer erquicken.

Ich dachte an Gott, an die dunkelsten Weiten,
Wie Sterne so viele den Himmel durchschreiten.
Ich sah keine Menschen, ich suchte vergebens,
Ich suchte verzweifelt den Ursprung des Lebens.

In spürte so schmerzhaft das innere Beben,
Das drohte zu sprengen das Herze, das Leben.
Und klein wie ein Sandkorn am Ufer des Meeres,
War ich nur ein Teilchen des himmlischen Heeres.

Wie kannst du mich Gott aus der Höhe erkennen,
Wo Tausende Lichter im Feuer verbrennen?
Ich bin zu geringe und meine Gedanken,
Erkennen die Grenzen der himmlischen Schranken.

Wie könnte ich glauben dass du noch zugegen,
Dass du einst gemacht hast das ewige Leben?
Du hörst nur die Stimme des inneren Menschen,
Dein Leben und Dasein kennt keinerlei Grenzen.

Du brauchst keine Flügel, um mir zu begegnen,
Um mich zu erreichen und mich noch zu segnen.
Ich lasse mich fallen in sicheren Händen,
Die alles geschaffen von Anfang bis Enden.

Ich bin nicht mehr ich, sondernd göttliche Führung,
Bringt alles zum Ziel unter zärtliche Rührung.
So weiß ich zu hoffen auf Zeiten, die kommen,
Dir Gott zu vertrauen, wird sicherlich lohnen.